O que nos tira a paz

Coleção Paz Interior

- *Abra o coração e receba a paz –*
  Gustavo E. Jamut, omv
- *Como conservar a paz em meio às dificuldades –*
  Gustavo E. Jamut, omv
- *O que nos tira a paz –*
  Gustavo E. Jamut, omv

Gustavo E. Jamut, omv

O que nos tira a paz

Paulinas

Dados Internacionais de Catalogação na Publicação (CIP)
(Câmara Brasileira do Livro, SP, Brasil)

Jamut, Gustavo E.
    O que nos tira a paz : "deixo-vos a paz, dou-vos a minha paz" / Gustavo
E. Jamut ; [tradução Cristina Paixão Lopes]. — São Paulo : Paulinas, 2006.
— (Coleção paz interior)

    Título original: Lo que nos roba la paz
    ISBN 85-356-1833-3
    ISBN 950-861-780-2 (ed. original)
    Bibliografia

    1. Conduta de vida 2. Paz de espírito 3. Reflexão I. Título. II. Série.

06-6171   CDD-248.86

Índice para catálogo sistemático:

1. Paz de espírito : Reflexões : Cristianismo 248.86

Título original da obra: *Lo que nos roba la paz*
© San Pablo, Buenos Aires (Argentina), 2005.

Citações bíblicas: *Bíblia Sagrada*. Tradução da CNBB, 2ª ed. 2002.

Direção-geral: *Flávia Reginatto*
Editora responsável: *Celina H. Weschenfelder*
Auxiliar de edição: *Alessandra Biral*
Tradução: *Cristina Paixão Lopes*
Coordenação de revisão: *Andréia Schweitzer*
Revisão: *Leonilda Menossi e Mônica Elaine G. S da Costa*
Direção de arte: *Irma Cipriani*
Gerente de produção: *Felício Calegaro Neto*
Capa e editoração eletrônica: *Telma Custódio*

Nenhuma parte desta obra poderá ser reproduzida ou transmitida por qualquer forma e/ou quaisquer meios (eletrônico ou mecânico, incluindo fotocópia e gravação) ou arquivada em qualquer sistema ou banco de dados sem permissão escrita da Editora. Direitos reservados.

Paulinas

Rua Pedro de Toledo, 164
04039-000 – São Paulo – SP (Brasil)
Tel.: (11) 2125-3549 – Fax: (11) 2125-3548
http://www.paulinas.org.br – editora@paulinas.com.br
Telemarketing e SAC: 0800-7010081

© Pia Sociedade Filhas de São Paulo – São Paulo, 2006

Introdução

Deixo-vos a paz, dou-vos a minha paz.
(Jo 14,27a)

Jesus nos disse: "Deixo-vos a paz, dou-vos a minha paz. Não é à maneira do mundo que eu a dou" (Jo 14,27).

Se é assim, então por que perdemos tão facilmente a paz interior? Entre as diversas razões para que isso ocorra, está o fato de que, muitas vezes, nossos pensamentos e desejos não coincidem com os pensamentos de Deus e sua vontade para nossas vidas.

A esse respeito, o apóstolo Paulo disse: "Pois o que a carne deseja é contra o Espírito" (Gl 5,17a).

Por sua vez, santo Tomás afirma que se perde a paz por esta contrariedade interior:

> De outro modo, quando a mesma potência apetitiva tende a diferentes objetos desejáveis, que ela não pode alcançar simultaneamente, é necessário que haja contrariedade entre os movimentos do apetite. Ora, a união destes movimentos pertence à razão da paz; pois o coração do homem não tem a paz enquanto, embora

tenha algo do que quer, ainda lhe restar algo a querer que, simultaneamente, não possa ter.[1]

Por isso, existem tipos de pensamentos e desejos aos quais denomino "ladrões", pois penetram o inconsciente das pessoas de maneira silenciosa, sem que se percebam, e o fazem para roubar-lhes a paz.

Além disso, Jesus nos disse: "Felizes os que promovem a paz, porque serão chamados filhos de Deus" (Mt 5,9).

Porém, como podemos oferecer a paz se esta não habita em nosso coração? De acordo com santo Agostinho, "todos os homens desejam a paz".[2] Entretanto, quando contemplamos a realidade do mundo, de alguns setores de nossa sociedade, de muitas famílias e, ainda, de determinadas comunidades cristãs, nós nos deparamos com a lamentável realidade com a qual estão divididas ou afrontadas; ou vivendo diversos graus de desamor nos quais não há lugar para a paz.

Portanto, é de suma importância que sejamos homens e mulheres repletos e transbordantes da verdadeira paz. Desse modo, esta não será intimista e facilmente esgotável, mas, vinda

---

[1] SANTO TOMÁS DE AQUINO. *Suma teológica*, I-II. q. 29. arts. 1,3. São Paulo, Loyola, 2004.

[2] SANTO AGOSTINHO. *De civ. Dei.* XIX.

de Deus, que cura e serena os corações, vai nos levar a ser instrumentos de sua paz para o mundo, pois brotará como um manancial de água viva desde o mais profundo de nosso ser.

Ao longo dessas reflexões, pediremos que o Espírito Santo seja nosso guia. De maneira invisível e amorosa, ele vai nos tomar pela mão e nos mostrar suavemente as feridas de nossa alma e os pensamentos ou desejos "ladrões" que nos roubam a paz.

Oração de são Francisco de Assis

Senhor, fazei de mim um instrumento de vossa paz.
Onde houver ódio, que eu leve o amor.
Onde houver ofensa, que eu leve o perdão.
Onde houver discórdia, que eu leve a união.
Onde houver dúvidas, que eu leve a fé.
Onde houver erro, que eu leve a verdade.
Onde houver desespero, que eu leve a esperança.
Onde houver tristeza, que eu leve a alegria.
Onde houver trevas, que eu leve a luz.
Ó Mestre, fazei que eu procure mais
consolar, que ser consolado.
Compreender, que ser compreendido.
Amar, que ser amado.
Pois é dando que se recebe.
É perdoando que se é perdoado.
E é morrendo que se vive para a vida eterna. Amém!

Deus, fonte da verdadeira paz

CAPÍTULO 1

O Senhor abençoará seu povo com a paz.
(Sl 29[28],11)

Em cada eucaristia, Deus quer dar a sua paz

Muitas vezes, nas celebrações eucarísticas, no momento da oração pelos enfermos e aflitos e antes de interceder diante do Santíssimo Sacramento pelas necessidades dos presentes, leio alguns dos papeizinhos escritos pelos fiéis e entregues no altar no momento das oferendas.

Certa vez, no dia seguinte à celebração de uma missa na qual Deus havia manifestado seu amor, derramando, pelo poder do Espírito Santo, uma grande paz e alegria sobre todos os presentes, eu me dispus a ler e a orar pelos pedidos deixados na sacristia. Como eram muitos, levei mais de duas horas para ler todos.

Enquanto meus olhos passavam por essas linhas escritas meio às pressas, antes do início da missa, pude "ver" o coração do povo de Deus.

Percebi que, embora fosse repleto de amor, também havia muita dor. Tive a impressão de que vários daqueles papeizinhos apresentavam sinais de umidade, causada talvez por lágrimas. Devo confessar-lhes que algumas dessas petições, transbordantes de profunda fé, também me arrancaram mais de uma lágrima.

Porém, ao contrário do que esperava, a maioria das pessoas não solicitava o bem-estar físico (que ocupava a segunda posição entre os pedidos), seguido pelos pedidos de trabalho e prosperidade. O que prevalecia, entretanto, eram as súplicas a Deus pela paz.

Em alguns dos papeizinhos, estavam escritas as seguintes frases: "Paz em meu coração". Outros pediam: "Paz em minha alma"; "Paz para minha vida"; "Paz em meu casamento"; "Paz para meu lar"; "Paz para meus filhos"; "Paz em minha comunidade" etc. E estou convencido de que, se fizéssemos uma pesquisa entre os que não freqüentam a igreja e não conhecem a Deus, descobriríamos que eles também manifestam o desejo de paz.

Essa inquietude que carregamos em nosso interior precisa ser apaziguada, sossegada; esse vazio que sentimos em nosso íntimo precisa ser preenchido. Enquanto essa inquietude não for sossegada, enquanto esse vazio não for preenchido, o coração humano ansiará, sofrerá e buscará. A história de cada homem é a trajetória de um peregrino, de um caminhante que busca a felicidade e a paz. Todos os homens, alguns conscientemente, outros – a maioria – inconscientemente, buscam a Deus.[1]

Lamentavelmente, são muitos os que, por não conhecerem a paz de Deus, andam a esmo arrastando suas atividades como condenados pelas obrigações, sem encontrar a paz nas tarefas cotidianas.

Essa é a triste realidade de milhões de pessoas em todo o mundo. Mesmo entre os que possuem uma bela família, um bom trabalho e dinheiro suficiente para se divertir, percebemos a ausência de paz.

Só Deus é a profunda e autêntica fonte de paz

Deus criou os seres humanos com o insaciável desejo de ter paz e viver com ela. Isso está escrito no código genético de cada pessoa e será satisfeito à medida que sua comunhão com Deus for conservada.

---

[1] CANALS, Salvador. *Ascética meditada*. Madrid, Rialp, 1996.

A diferença entre aqueles que se aproximam de Deus desde o mais profundo do ser e os que ainda não o conhecem é que os primeiros já começam a encontrar a paz, embora tenham de lutar todos os dias para conservá-la e aumentá-la, enquanto muitos dos que não conhecem o amor de Deus, por não saberem onde encontrar a paz, buscam-na em caminhos equivocados.

"Senhor, tu nos criaste para ti, e nosso coração permanece inquieto [sem paz], enquanto não descansa em ti."[2] Isto dizia santo Agostinho, que, mesmo perseguindo a paz de sua alma por caminhos equivocados, perseverou na busca da verdade. Após retificar continuamente seus caminhos, encontrou finalmente esse sentimento em Deus, *única fonte da verdadeira paz*.

Seu rico e inquieto coração ansiava por paz e descanso, sentimentos que buscou inutilmente por muito tempo, até que os alcançou de modo pleno, quando conheceu a Deus.

Nesse aspecto, é possível verificar que algumas pessoas gozam de uma *paz verdadeira*, portanto firme e duradoura, enquanto outras experimentam uma *paz aparente*, portanto frágil e efêmera.

---

[2] SANTO AGOSTINHO. *Confissões*. Livro Primeiro, I, 1.

Sobre isso, diz santo Tomás:

Λ paz consiste no repouso e na unidade do apetite. Mas, assim como o apetite pode tender para um bem absoluto ou para um bem aparente, assim também a paz pode ser verdadeira ou aparente. A verdadeira paz não pode existir senão com o desejo de um bem verdadeiro, porque todo mal, mesmo sob a aparência de bem pela qual satisfaz parcialmente o apetite, encerra muitas deficiências, e por causa delas o apetite permanece inquieto e perturbado. A verdadeira paz, portanto, só pode existir no bem e entre os bons. Logo, a paz dos maus é aparente e não verdadeira. É o que declara o livro da Sabedoria 14,22: "Mas ainda, vivendo no grande conflito da sua ignorância, chamam de 'paz' a tantos e tão grandes males".[3]

A legítima paz ocorre entre os que, quando começam a experimentar a presença de Deus em sua vida, aprendem a descansar nele, verdadeiro bem "que une e pacifica todos os desejos".[4]

Por esse motivo, o trajeto rumo à paz verdadeira é o próprio Jesus, já que ele é o caminho, a verdade e a vida.

---

[3] SANTO TOMÁS DE AQUINO. *Suma teológica* I-II, q. 29, art. 23. São Paulo, Loyola, 2004.

[4] Idem, arts. 2,4.

Deus quer guiar seus passos pelo caminho da paz

Por meio de sua Palavra, Deus nos ensina que: "Nosso Deus envia o sol nascente do alto para nos visitar, para iluminar os que estão nas trevas, na sombra da morte" (cf. Lc 1,78-79).

Essa é uma bela promessa feita por Deus a cada um de nós, por meio de Zacarias, pai de João Batista, o qual, repleto do Espírito Santo, falou profeticamente (cf. Lc 1,67).

Aqueles que começam a "conhecer" a Deus, a pertencer-lhe e a se tornar um com ele, bem como os que, de modo semelhante a são Paulo, se dispõem a ser de Deus (cf. Rm 14,6-8), *saem das trevas da inquietude para penetrar na luz da paz verdadeira*, mediante a qual os fatos cotidianos são vistos e vividos de modo diferente. Como afirma o mesmo Zacarias, damos poder a Deus para que ele comece a "dirigir nossos passos no caminho da paz" (Lc 1,79b).

Pela experiência diária, comprovamos que todos os caminhos que nos afastam de Deus são equivocados. Então, vale o que expressa um poeta:

*Caminho que não é caminho
é desaconselhável que se empreenda,
porque mais nos afasta,
quanto mais distante nos leva.*

Com toda certeza, em algum momento da vida, todo cristão já viveu a experiência de ter percorrido outros caminhos; no entanto, à medida que se afastava da meta traçada por Deus para sua vida, sentia que a verdadeira paz se distanciava. Somente se seguirmos as veredas traçadas por Deus para cada um de nós encontraremos a paz.

Querido irmão, a quem, por esses mistérios da providência divina, chegou este livrinho, pergunte a Deus mentalmente se você está percorrendo os caminhos traçados por ele e, assim, cumprindo à risca sua vontade. Com toda sinceridade, continue a ler estas páginas, para que a paz de Deus cresça em sua alma.

CAPÍTULO 2

Desmascarar pensamentos que tiram a paz

*Que Javé lhe mostre seu rosto
e lhe conceda a paz.*
(Nm 6,26)

Na introdução deste livro, há o seguinte questionamento: "Por que perdemos a paz interior?". Entre as diversas respostas possíveis, consta que grande parte da responsabilidade cabe aos pensamentos que roubam a paz.

Se vive em alguma grande cidade onde, nos últimos anos, têm aumentado a insegurança e a violência por causa de roubos, certamente você terá certo receio de ladrões. Com prudência, adotará medidas preventivas para que nenhum malfeitor invada sua casa para roubar-lhe os bens ou causar algum dano físico nem a você nem a alguém de sua família.

Infelizmente, nem sempre nos empenhamos o suficiente para nos prevenir dos pensamentos ladrões que entram primeiro em nossa mente e, em seguida, alastram-se aos recantos mais profundos de nosso coração para nos tirar a paz.

De modo irônico, costumo chamar esses pensamentos de pensamentos vampiros. Pois, do mesmo modo que essas entidades lendárias sugavam o sangue e, com ele, a vida da vítima, esse padrão de pensamento vai absorvendo a paz do coração e tirando a força interior e a vida plena e abundante oferecida por nosso Senhor.

O exercício do discernimento

Os pensamentos ladrões da paz (ou vampiros sugadores de vida) podem ser classificados em oito classes. Portanto, ao ler este livro, reflita e ore para ver se você se encaixa em alguma dessas categorias. Se for assim, você saberá responder por que perde a paz.

Ao longo deste capítulo, é importante que você exercite o carisma do discernimento. Inicialmente, é conveniente refletir sobre as palavras de santo Inácio, que afirma que em nós podem penetrar três tipos de vozes ou pensamentos:

> Pressuponho haver em mim três pensamentos, a saber: um que é propriamente meu, que sai de minha pura liberdade e querer, e outros

dois, que se originam de fora: um que vem do bom espírito e outro do mau.[1]

A voz de Deus, que nos leva à consolação e à paz; a do mau espírito, que, propondo prazeres aparentes, lhe rouba a paz e o leva à desolação; e a própria voz, sem ser boa nem má, dependendo de onde nos leve.[2]

Com base nessa definição, concluímos que perdemos a paz porque não pensamos da mesma maneira que Deus. Por isso, é preciso modificar nossa forma de raciocínio.

Digna-te aceitar as palavras de minha boca, cheguem à tua presença os pensamentos do meu coração. Senhor, meu rochedo e meu libertador (Sl 19[18],15).

Em minha opinião, a partir dessa linha de raciocínio, a quinta regra de discernimento é uma das mais valiosas:

Devemos estar muito atentos e examinar com cuidado o decurso dos pensamentos. Se o princípio, meio e fim forem inteiramente bons, inclinados para todo bem, isto nos indica que vem do anjo bom; porém, se o processo dos pensamentos acarreta alguma coisa má, ou que

---

[1] SANTO INÁCIO DE LOYOLA. [32] Exame geral de consciência.
[2] Idem. Regras de discernimento do espírito. In: *Exercícios espirituais.*

distrai, ou a debilita, ou inquieta, ou perturba a alma, tirando-lhe a paz, a tranquilidade e quietude que possuía antes, então temos um claro sinal de que está agindo o espírito maligno, inimigo de nosso proveito e de nossa salvação eterna.[3]

A atenção mental pode ser definida como a observação de qualquer pensamento que se oponha à paz de Deus e ao nosso conhecimento sobre ele, para que possamos modificá-lo. Isso implica examiná-los como se fôssemos espectadores externos a nós mesmos (o que nem sempre é fácil), pedindo que Deus nos conceda a graça de classificar nossos pensamentos a partir de seu ponto de vista.

Nas páginas seguintes, veremos algumas maneiras pelas quais o pensamento do maligno pode afetar as pessoas, tocando suas feridas ou pontos frágeis, com o objetivo de fazê-las perder a paz e afastá-las da vontade de Deus.

Primeira classe –
Pensamentos equivocados

Os pensamentos podem estar equivocados a respeito da idéia que se tem de Deus, de si mesmo ou de algum aspecto da vida.

---

[3] Ibidem.

Esses pensamentos não só roubam a paz, mas também acarretam inúmeros sofrimentos, que são a expressão de uma aprendizagem equivocada, assumida em algum momento da vida. Todo processo de crescimento e desenvolvimento deve nos incentivar a retificar nossos pensamentos equivocados. O passar da escuridão à luz é um caminho no qual deve primar o desejo sereno, porém, permanente, de busca da verdade, auto-respeito, consideração a Deus e aos outros.

O reconhecimento de certos pensamentos que, em algum aspecto, possam estar equivocados é sinal não só de sabedoria e humildade, mas também de amadurecimento pessoal, por mostrar-se aberto à busca da verdade.

As pessoas que apresentam maior dificuldade em reconhecer e identificar os pensamentos equivocados são aquelas que foram criadas em um lar ou ambiente escolar onde cometer equívocos era considerado antinatural. Podem ter sido contextos marcados por extrema rigidez e falta de misericórdia. Por isso, ficou-lhes gravado que precisam ser infalíveis no modo de pensar, falar e agir, sem complacência com os próprios erros nem com os dos semelhantes.

Sobre isso, Jesus nos recorda que o caminho trilhado em busca da verdade passa por ele, que nos dá vida: "Eu sou o caminho, a verdade e a vida" (Jo 14,6a). Por sua vez, são Paulo disse: "Quanto ao mais, irmãos, ocupai-vos com tudo o que é verdadeiro, digno de respeito ou justo, puro, amável ou honroso, com tudo o que é virtude ou louvável. Praticai o que de mim aprendestes, recebestes e ouvistes, ou em mim observastes. E o Deus da paz estará convosco" (Fl 4,8-9).

Entre os exemplos de pensamentos equivocados, estão: "Se permitiu isso em minha vida, é porque Deus não me ama"; ou "Se oro e não sinto nada, é porque Deus está longe de mim...". Esses pensamentos são errados, porque o Senhor deseja somente o melhor para seus filhos, e talvez queira prepará-los para uma grande tarefa.

Ao observar minha história e a de outras pessoas conhecidas, percebo que, após cada tribulação, aparentemente insustentável, Deus não priva ninguém de sua paz, *enviando, a todos, bênçãos inimagináveis.*

Segundo santo Inácio, alguns dos motivos pelos quais experimentamos a desolação é precisamente para que vejamos:

[...] o quanto permanecemos em seu serviço e louvor, sem tanta recompensa e pagamento de consolações e graças acrescidas; além disso, devemos perceber que não depende de nós possuir uma grande devoção, o amor intenso, as lágrimas nem qualquer outra consolação espiritual; tudo é dom e graça de Deus, nosso Senhor. Por isso, não devemos fazer ninhos em casa alheia, ou seja, não podemos alcançar nosso entendimento com sentimentos de soberba ou glória vã, atribuindo a nós mesmos a devoção ou as demais características da consolação espiritual.[4]

Para refletir

"Sabemos que tudo contribui
para o bem daqueles que amam a Deus,
daqueles que são chamados segundo o seu desígnio."
(Rm 8,28)

Gostaria de compartilhar com você esta magnífica história, que ouvi certa vez em um retiro. Meu objetivo é fazer que cada pessoa reflita e pratique a mensagem deste texto na própria vida.

Conta-se que, muito tempo atrás, na Inglaterra, havia um casal que gostava de visitar

---

[4] Ibidem.

as pequenas lojas de antiguidades do centro de Londres. Entre os estabelecimentos preferidos, estava um que vendia louças antigas. Em uma dessas visitas, eles viram uma pequena e graciosa taça. Fascinada, a senhora perguntou ao vendedor: "Posso ver essa taça? Em toda a minha vida, nunca encontrei nada tão delicado e refinado como esse objeto".

Enquanto a senhora a segurava nas mãos, a taça começou a falar: "Você não sabe, mas nem sempre fui desse modo. Há muito tempo, eu era apenas um monte de argila amorfa. Certa ocasião, um ceramista me pegou entre as mãos e me moldou com todo cuidado. Houve um momento em que me desesperei e gritei: 'Por favor! Deixe-me em paz!'. Porém, após sorrir, ele me disse: 'Agüente um pouco mais, pois ainda não é tempo!'.

Em seguida, ele me levou ao forno. Nunca havia sentido tanto calor! Assim que toquei a porta, perguntei-lhe por que estava me tratando daquele modo. Através da fenda, pude ler estas palavras nos lábios de meu criador: 'Agüente um pouco mais, pois ainda não é tempo!'.

De repente, a porta do forno se abriu. Nesse momento, meu amo me pôs sobre uma estante para que eu esfriasse. 'Assim está bem melhor!', disse a mim mesma. Porém, mal eu havia refrescado, e meu criador estava me lixando e pintando.

O cheiro da tinta era horrível, eu me sentia sufocar! 'Por favor, pare!', gritei para ele. Ele abanou a cabeça negativamente e repetiu: 'Agüente um pouco mais, pois ainda não é tempo!'.

Por fim, meu amo parou de me pintar; porém, dessa vez, ele me pôs em outro forno, cuja temperatura era ainda mais elevada que o anterior. Naquele momento, estava certa de que sufocaria. Roguei e implorei que ele me tirasse de lá. Gritei, chorei, mas meu criador só olhava para mim, insistindo: 'Agüente um pouco mais, pois ainda não é tempo!'.

Nesse momento, percebi que não havia esperança, pois jamais conseguiria sobreviver ao calor daquele forno. Quando estava a ponto de me dar por vencida, a porta se abriu; então, após pegar-me carinhosamente, meu criador me pôs em uma prateleira ainda mais alta que a primeira, onde fiquei por algum tempo, até me refrescar.

Uma hora após ter saído do segundo forno, ele me deu um espelho e disse: 'Olhe! Essa é você!'.

Ao ver minha imagem refletida, eu quase não acreditei! No espelho, estava uma taça muito bela! Percebendo meu espanto e felicidade, meu amo me disse: 'Eu sei que, ao ser moldada por minhas mãos, você sentiu muita dor;

porém, se a tivesse deixado como estava, teria secado. Eu sei que ficar no forno lhe provocou muito calor e dor, mas, se não a tivesse colocado ali, certamente teria rachado. Também sei que os gases da pintura a incomodaram muito, mas, se não a tivesse pintado, sua vida não teria cor. Além disso, se não a tivesse colocado no segundo forno, você não teria sobrevivido muito tempo, porque sua rigidez não seria suficiente para que subsistisse. Agora você é um produto acabado, é o que eu tinha em mente quando comecei a formá-la'."[5]

Para refletir

Deus nunca vai permitir que você carregue um fardo
maior do que pode suportar.
Ele sabe o que está fazendo com cada um de nós.
Ele é o artesão, e nós somos o barro
com o qual ele trabalha.
Ele nos molda para que nos tornemos
uma peça perfeita e cumpramos sua vontade.

Oração

Senhor Jesus, tu és o caminho, a verdade e a vida. Por isso, eu hoje te peço que, com tuas divinas mãos, toques meu entendimento, liberes

---

[5] Autor desconhecido.

em mim uma nova sede de buscar a tua verdade em cada coisa e me libertes de todo pensamento equivocado. Tens o poder de curar e educar meus pensamentos; por isso, peço-te que, se houver em mim qualquer idéia equivocada de conceber-te, bem como a mim mesmo, aos demais e a qualquer aspecto da vida, tu me mostres. Dou-te o poder e a autoridade sobre meus pensamentos, pedindo-te que sejas o único rei e Senhor, de modo que me guies pelos caminhos da verdade. Que, a cada dia, cresçam em mim o amor pela vida e o desejo de ser ponte de tua vida e de tua verdade entre todas as pessoas que colocares em meu caminho. Amém.

Segunda classe – Pensamentos negativos e pessimistas

Nem sempre percebemos como os pensamentos negativos e pessimistas "passeiam" por nossa mente. Muitas vezes, podem se revestir de uma crítica interna, surgindo, de maneira indefinida, sob o sentimento de depressão.

Certa ocasião, após participar de uma conferência que ministramos sobre a cura do pensamento, uma mulher me revelou que havia começado a trabalhar na detecção dos pensamentos pessimistas e negativos. Ela descobriu que, ao longo dos anos, estes pensamentos tinham se apoderado de sua mente de modo inconsciente; como conseqüência, tudo o que lhe ocorria parecia negativo. Após observar-se objetivamente e sob a luz de Deus, percebeu que, a princípio, esses pensamentos eram sem importância; mas ganharam força progressivamente, invadindo, assim, quase todas as dimensões de sua vida.

Em uma oportunidade na qual orava por sua libertação, ela revelou que, no período de três horas, havia detectado cerca de duzentos pensamentos pessimistas e negativos, os quais estavam relacionados a seu aspecto físico e intelectual, a seu trabalho, família, à sociedade, religião e a seus amigos.

Há pessoas que pensam e falam compulsivamente de suas enfermidades e das calamidades da vida. Também existem aqueles que, ao comparar-se continuamente com os demais, pensam: "Eu não sirvo para nada! Minha vida é um fracasso".

É possível que, em algum momento da vida, seus pais ou qualquer outra pessoa lhes disseram palavras que os fizeram pensar desse modo. Talvez os tenham comparado a um irmão ou colega. Então, uma programação negativa se arraigou em seu interior. Por isso, é importante que os pais estejam sempre atentos ao teor de suas palavras, para não produzirem nos filhos feridas que possam lhes afetar a autoestima pelo resto da vida.

Lembro-me do caso de uma mulher que, na infância, em mais de uma oportunidade, teve sua capacidade intelectual comparada à de uma irmã. Ela cresceu com a convicção de que todos eram mais inteligentes que ela e que, portanto, podiam fazer tudo melhor. Isso a levava a não assumir compromissos, pois estava convencida de que qualquer coisa que fizesse não seria bemsucedida.

Se esse exemplo se assemelhar a alguma situação que você tenha vivido, vai ocorrer que, ao pensar em algo positivo para sua vida, logo ouvirá uma voz interna que lhe dirá: "Eu? Impossível!". Desse modo, será muito difícil ocorrerem fatos positivos em sua vida, de acordo com os planos de Deus.

Entre os efeitos acarretados pelos pensamentos negativos e pessimistas, estão:

- sensação de infelicidade;
- perda de energia, força e motivação para quase tudo;
- isolamento progressivo;

- cansaço e esgotamento;
- perda da alegria e da esperança;
- freqüentes oscilações de humor;
- afastamento das pessoas;
- limitação e/ou escassez de novas possibilidades profissionais;
- crises familiares;
- incapacidade de visualizar novas oportunidades de sucesso;
- concepção pessimista da vida e do mundo;
- distúrbios da saúde, como tensão muscular, dor de cabeça, úlcera, insônia etc.

Nos *retiros de cura interior* que ministro, um dos momentos mais emocionantes é quando o Espírito de Deus muda essa programação na vida de muitos participantes; a partir daí, eles começam a *percorrer um novo caminho, do pensamento negativo às idéias provenientes de Deus*, que nos ama desde o mais profundo de suas entranhas.

Para refletir

"Sim, amas tudo o que existe
e não desprezas nada do que fizeste;
porque, se odiasses alguma coisa, não a terias criado.
A todos, porém, tratas com bondade,
porque tudo é teu, Senhor, amigo da vida."
(Sb 11,24.26)

Deixe que, em oração,
Deus o conduza a percorrer sua história.
Peça que ele o liberte daquelas frases negativas
que podem ter programado sua vida,
que ele lhe conceda
um coração pleno de esperança.

Oração

Senhor Jesus, sempre soubeste ver o bom e o belo em mim e em cada um de teus filhos. Por isso, hoje te peço que me ajudes a ver a vida sob teu ponto de vista. Peço-te que me mostres aquilo que me fez escravo de pensamentos negativos e pessimistas, libertando-me e curando-me deles. Eu sei, Senhor, que as idéias pessimistas só podem me trazer um futuro pessimista, por isso peço tua ajuda para poder trabalhá-los. Sei que, sozinho, eu não posso, mas contigo conseguirei. Será uma tarefa que empreenderemos juntos, a cada dia da vida. Creio que, contigo, após cada batalha para vencer um pensamento negativo, sobrevirá uma vitória, a qual trará uma bênção superior ao que posso imaginar. Graças, Senhor, por colocares o teu Espírito em mim e me dares um pensamento positivo, otimista e repleto de esperança. Amém.

Terceira classe –
Pensamentos que levam ao pecado

São os pensamentos que se enquadram nos vícios capitais. Segundo santo Tomás:

> Deve-se dizer que *capital* vem de "cabeça", por uma certa derivação ou participação, como tendo alguma propriedade da cabeça e não como sendo a cabeça de modo absoluto. É por isso que os vícios capitais não são somente aqueles que constituem a primeira origem dos pecados, como a avareza que é chamada a "raiz", e a soberba que é chamada "o início"; mas são também aqueles que constituem a origem próxima de muitos pecados [...]. Assim o vício capital não é somente o princípio de outros vícios, mas ainda os dirige e de certo modo os guia [...]. Por isso, Gregório compara estes pecados capitais aos "chefes de exército".[6]

De acordo com o Catecismo da Igreja Católica:

> Os vícios podem ser classificados segundo as virtudes que contrariam, ou ainda ligados aos *pecados capitais* que a experiência cristã distinguiu, seguindo são João Cassiano e são Gregório Magno. São chamados capitais por-

---

[6] SANTO TOMÁS DE AQUINO. *Suma teológica* I-II. q. 84, art. 3. São Paulo, Loyola, 2004.

que geram outros pecados, outros vícios. São o orgulho, a avareza, a luxúria, a ira, a gula, a inveja e a preguiça.[7]

A tristeza e a melancolia também foram associadas aos pecados capitais por alguns padres da Igreja que as definiram como a tendência ao desânimo exagerado diante de qualquer dificuldade. Por exemplo: os desejos frustrados, os problemas com as demais pessoas, os pensamentos fixos no passado ou no futuro etc. Falta o sentido de agradecimento a Deus e, em conseqüência, vive-se em um mundo imaginário e não se vive o momento, desperdiçando as graças que Deus quer conceder no presente.

Santa Teresa de Ávila afirmava que a melancolia induz algumas pessoas devotas a acreditarem em locuções ou visões que são apenas o resultado da própria mente:

> Deve-se levar em conta que é grande a nossa fraqueza natural, sobretudo na mulher, o que se revela especialmente no caminho da oração. Por conseguinte, deve-se evitar pensar que tudo quanto nos venha à imaginação seja uma visão, porque, acreditai-me, quando o é, dá-se bem a

---

[7] CIC. Editoras Loyola, Vozes, Paulinas, Ave-Maria e Paulus. São Paulo, 1998.

entender. Quando há melancolia, o cuidado deve ser redobrado, porque eu soube de coisas sobre isso que me deixam espantada por não compreender como é possível que pareça a alguém, tão verdadeiramente, ver o que não está vendo.[8]

Ela também dizia: "Não quero a tristeza nem a melancolia em minha casa".

A partir dos pensamentos perniciosos, que nos roubam a paz, é importante saber que sentir atração pelo pecado ou ter um mau pensamento não quer dizer que se tenha pecado. Uma coisa é *sentir* o pensamento, a atração pelo pecado; outra, muito diferente, é *consentir*. Ao contrário, se a tentação for constantemente afastada, com a força de Deus, a qual é concedida por meio da oração e dos sacramentos, até que, no final, seja vencida, então se experimentará a paz da presença de Deus, que mora no coração de cada pessoa.[9]

Porém, se você aceitar pensamentos de cobiça, ira, ressentimento, ódio, amargura, temor, luxúria, juízo ou condenação dos irmãos, é impossível que a paz de Deus esteja dentro de você, pois a água doce e a amarga não podem estar em um mesmo recipiente (cf. Tg 3,11).

---

[8] SANTA TERESA DE JESUS. Livro das fundações. In: *Obras completas*. São Paulo, Loyola, 1995.

[9] Cf. *Exercícios espirituais*, pp. 33-37.

A maioria das pessoas sem paz que conheci se acostumou a viver com alguns desses pensamentos ladrões, sem sequer perceber. Por isso, elas não fazem nada, ou fazem muito pouco, para tirá-los do coração e da mente. Assim, embora disfarcem seu conflito com uma aparência de satisfação e tranqüilidade, não conseguem ter paz.

Não podemos desobedecer a Deus e sair de seu plano, porque os pensamentos do pecado nos roubam a paz: "Longe de mim o coração perverso, não quero conhecer o que é mau" (Sl 101[100],4).

Santo Inácio expressa com clareza a importância de combater esse padrão de pensamentos e, com base em nossa resistência, classifica-os em quatro categorias:

- **Pensamentos com resistência meritória.** É quando ocorre um pensamento provocado pelo mau espírito e a pessoa é tentada a um pecado mortal, ao qual resiste, vencendo-o. [33][10]

---

[10] Os números entre colchetes se referem ao texto original dos *Exercícios espirituais*. Os textos relacionados neste livro foram retirados da nova versão da referida obra, de pe. Carlos Aldunate, sj, editado por Paulinas Editora, em Buenos Aires.

- **Pensamentos com resistência ainda mais meritória.** É quando a mesma tentação retorna freqüentemente, e a pessoa resiste sempre, até vencê-la. [34]
- **Pensamentos com pecado venial.** Ocorre quando esse tipo de pensamento surge e a pessoa permite que se instale no subconsciente, por não rechaçá-lo desde o princípio ou não o suficiente. [35]
- **Pensamentos com pecado mortal.** Ocorre quando a pessoa insiste em manter o mau pensamento, que se torna mais grave quando o pecado não é somente de pensamento, mas de ação. Nesse caso, há maior premeditação, consentimento mais intenso e maior dano a outras pessoas. [36-37]

Se vivermos sem lutar contra os pensamentos que conduzem ao pecado, sem confessá-los nem abandoná-los, o Senhor não escutará nossas orações. As Sagradas Escrituras dizem: "Se no meu coração se achasse culpa, o Senhor não me teria ouvido" (Sl 66[65],18) Portanto, *se quisermos ser ouvidos e atendidos em nossas petições, devemos enfrentar e rechaçar, com a graça de Deus, os pensamentos que levam ao pecado.*

No entanto, devemos nos sentir confortados por saber que os santos também enfrentaram essa classe de pensamentos ladrões, dos quais saíram vitoriosos graças à oração, à humildade e à confiança em Deus.

Um exemplo disso é santa Catarina de Sena. Dona de um temperamento irascível, ao qual dominava com grande paciência, ela sofria e orava sem cessar para expiar suas ofensas e purificar seu coração. Em mais de uma ocasião, ao ver sua grande dedicação a Deus, o demônio a atacava, tentando destruir sua virtude, enchendo sua imaginação com as mais sórdidas representações do pecado e assaltando seu coração com as mais baixas e humilhantes tentações. Então, sua alma mergulhava em uma nuvem de escuridão, a mais severa prova imaginável. Nesses momentos, via-se centenas de vezes à beira do precipício, porém sempre sustentada por certa mão invisível. Suas armas eram a oração fervorosa, a humildade, a abnegação e a confiança na vontade de Deus. Assim, ela venceu as provas que muito serviram para purificar seu coração.

Certa vez, após um desses combates contra aqueles pensamentos, Nosso Senhor a visitou. Ao vê-lo, ela perguntou: "Onde estavas, meu divino esposo, enquanto eu jazia em tão temível condição de abandono?". Jesus respondeu-lhe: "Estava contigo". "Como?!", replicou ela,

"Entre as sujas abominações que infectavam minha alma?". Ele disse: "Embora fosse desagradável e sumamente doloroso para ti, esse conflito foi o teu mérito: a vitória sobre ele se deveu à minha presença". Ela havia resistido e vencido com a graça de Deus. Também nós, quando nos apresentarmos ante seu trono, levaremos conosco as marcas das batalhas que travamos e vencemos em nome do Senhor e por amor a ele.

Para refletir

"Os injustos, porém, são um mar agitado
que nunca pode parar; mas as águas que eles agitam
são pura lama e lodo. 'Para os malvados
– diz o meu Deus –, a paz não existe!'."
(Is 57,20-21)

"E a paz de Deus, que supera todo entendimento,
guardará os vossos corações
e os vossos pensamentos no Cristo Jesus."
(Fl 4,7)

Deixe-se guiar para poder ver se em sua vida
há algum pensamento recorrente
que o conduz ao pecado e à perda da paz.

Oração

Jesus amado, que ajudaste santa Catarina
e ajudas a cada filha e filho teus na luta espiritual,
pedimos-te que não nos deixes cair em tentação,
naqueles pensamentos que
nos conduzem ao pecado.
Da origem dos pensamentos de soberba,
livra-nos, Senhor.
Da origem dos pensamentos de avareza,
livra-nos, Senhor.
Da origem dos pensamentos de inveja,
livra-nos, Senhor.
Da origem dos pensamentos de ira,
livra-nos, Senhor.
Da origem dos pensamentos de luxúria,
livra-nos, Senhor.
Da origem dos pensamentos de gula,
livra-nos, Senhor.
Da origem dos pensamentos de preguiça,
livra-nos, Senhor.
Da origem dos pensamentos de melancolia,
livra-nos, Senhor.

Quarta classe –
Pensamentos que negam a misericórdia

Essa classe de pensamentos nos rouba a
paz, pois nos impede de desfrutar o amor, a ter-

nura, o perdão e a misericórdia de Deus; em consequência, torna-nos tímidos e inseguros na oração e nas tarefas de evangelização, e dificulta-nos ter um coração misericordioso com as fraquezas alheias.

Atualmente se fala muito sobre a justiça, mas pouco ou nada sobre a misericórdia. A verdadeira justiça, dom de Deus, se vê frequentemente maculada ao ser confundida com o ressentimento e o desejo de vingança. Por isso, Jesus nos diz: "Se vossa justiça não for maior que a dos escribas e dos fariseus, não entrareis no Reino dos Céus" (Mt 5,20). Esse modo de pensar, sentir, falar e agir é uma das causas mais frequentes da ausência da paz de Deus no coração e se transmite pelos diversos segmentos da sociedade.

O caminhar na experiência da misericórdia de Deus se opõe ao rigorismo de determinadas linhas de pensamento que não correspondem ao modelo evangélico ensinado por Cristo. Tampouco anula ou diminui a radicalidade e as exigências da mensagem de Nosso Senhor e do estilo de vida à qual ele nos chama.

Há quem confunda radicalidade evangélica com rigorismo; no entanto, é totalmente o contrário. Pois, enquanto a radicalidade evangélica e a misericórdia seguem de mãos dadas, o rigorismo está mais próximo do radicalismo, que pouco se relaciona com as virtudes do Evangelho.

A misericórdia, unida à radicalidade do chamado do Senhor, é um convite a que nos aventuremos "mar adentro" e produz santos, pois a pessoa confia mais na graça de Deus que nas próprias forças. O rigorismo, por sua vez, é uma imposição volitiva que se apóia somente nas próprias forças e na lei, semelhante ao modo da espiritualidade farisaica.

Além disso, o coração que confia no perdão de Deus e em sua misericórdia abre-se para perdoar os outros com maior prontidão e facilidade. É um coração aberto para o novo que Deus possa pedir, diferentemente do rigorismo, que teme toda mudança e foge do novo.

A misericórdia ocorre nos corações que abrem espaço à liberdade e torna-se essencial no anúncio do Evangelho e na busca do bem coletivo. Por sua vez, o rigorismo sufoca a liberdade e a criatividade, e tende a criar personalidades com categorias inflexíveis de pensamento que, por não conseguirem se adaptar, acabam se fechando em uma mentalidade sectária; isto é, relacionam-se somente com os que pensam como elas.

Como nos ensinam as Sagradas Escrituras, a tradição da Igreja e o magistério, o importante é saber que a fragilidade humana é vista com olhos de mãe pelo amor de Deus a nós. Por isso, diz sua Palavra: "O Senhor é bom para com todos, compassivo com todas as suas criaturas" (Sl 145[144],7-9).

Entre algumas das melhores expressões da misericórdia de Deus, podemos citar os relatos das aparições de Jesus misericordioso a uma religiosa polonesa, santa Faustina Kowalska, e a encíclica *Dives in misericordia*, de João Paulo II, sobre a misericórdia divina.

Constantemente, ouço relatos de pessoas que se aproximam do sacramento da reconciliação com medo. Elas me dizem: "É que meu pecado não tem perdão". Entretanto, uma vez que confessam e descobrem o rosto amoroso de Deus, experimentam uma serenidade e quietude interior que, até aquele momento, não conheciam.

Como nos revela o evangelho de Mateus: "Ela dará à luz um filho, e tu lhe porás o nome de Jesus, pois ele vai salvar o seu povo dos seus pecados" (Mt 1,21).

Permita-me dizer que *não existe pecado que não possa ser perdoado por Deus*. Se reconhecer suas culpas, arrepender-se sinceramente e, em seguida, se aproximar do sacramento da reconciliação, você verá como esse sacramento também é um dom de Deus para curar seu coração e ajudá-lo a recuperar a paz.

Jesus nos ensina que sua misericórdia se manifesta naqueles que se deixam perdoar por Deus. Eles voltam para suas casas justificados, isto é, com a certeza de saber que Deus derramou perdão e amor em suas vidas (cf. Lc 18,13-14).

É bonito ver os frutos produzidos na Renovação Carismática Católica, pelos seminários de vida, quando são bem dirigidos. Eles começam com o ensinamento do amor de Deus, a fim de retificar a idéia equivocada que muitos têm do Senhor, pois o vêem como um Deus severo e castigador. Nada mais distante da realidade. Com freqüência, após participar de um retiro, muitas pessoas me perguntam: "Por que demorei tanto para descobrir isso?". Para crescer no dom da paz, formar-se e aplicar-se em conhecer as verdades da fé, *é importante que todo batizado se liberte do jugo da ignorância religiosa.*

O salmo 117(116) auxilia as pessoas a descobrirem a incompreensível "incondicionalidade" do amor de Deus e a viver em ação de graças por ele: "Povos todos, louvai ao Senhor, nações todas, dai-lhe glória; porque forte é seu amor para conosco e a fidelidade do Senhor dura para sempre".

Para refletir

Pense e ore para ver, com o olhar de Deus,
se a imagem de um pai distante ou muito severo
o leva a desconfiar da bondade divina.

Confie sempre na paz de Deus; por isso, eu lhe peço
que, neste momento, você abençoe a si mesmo
com estas palavras:

"Que o Senhor me olhe com prazer
e me mostre sua bondade;
que o Senhor me olhe com amor e me conceda a paz".

Oração

Pai do céu, que me acompanhas no caminhar diário nesta terra, reconheço e proclamo tua misericórdia, pois tu és o pai da parábola do filho pródigo, que me esperaste todo esse tempo com os braços abertos. Venho a ti e me deixo abraçar por teus braços misericordiosos. Reconheço meu pecado; sei que te ofendi, mas também reconheço que teu amor por mim e teu perdão são ainda mais fortes que a imensidão de minhas faltas. Aconchego meu rosto em teu peito e deixo que tua ternura me envolva, cure e transforme. Deixo-me banhar pela misericórdia com a qual transformaste Zaqueu, Maria Madalena, a Samaritana e Pedro depois das negações. Dá-me também, Pai, a graça de querer perdoar os outros como tu fazes comigo e de ter com todos um coração misericordioso como o teu. Amém.

Louvores da beata Irmã Faustina à divina misericórdia[11]

*"O amor de Deus é a flor,
e a misericórdia é o fruto."*

*Misericórdia divina,
que brota do peito do Pai, em ti confio.
Misericórdia divina,
supremo atributo de Deus, em ti confio.
Misericórdia divina,
mistério incompreensível, em ti confio.
Misericórdia divina,
fonte que brota do mistério
da Santíssima Trindade, em ti confio.*

---

[11] *Diario*, 949.

Misericórdia divina,
insondável a todo entendimento humano
ou angélico, em ti confio.
Misericórdia divina,
de onde brotam toda vida e felicidade,
em ti confio.
Misericórdia divina,
mais sublime que os céus, em ti confio.
Misericórdia divina,
fonte de milagres e maravilhas, em ti confio.
Misericórdia divina,
que abarca todo o universo, em ti confio.
Misericórdia divina, que desce ao mundo
na pessoa do Verbo encarnado, em ti confio.
Misericórdia divina,
que se originou da ferida aberta
do coração de Jesus, em ti confio.
Misericórdia divina,
encerrada no coração de Jesus
para nós e especialmente
para os pecadores, em ti confio.
Misericórdia divina,
infinito amor na instituição
da santa eucaristia, em ti confio.
Misericórdia divina, na instituição
da santa Igreja, em ti confio.
Misericórdia divina, no sacramento
do santo batismo, em ti confio.
Misericórdia divina, em nossa justificação
em Jesus Cristo, em ti confio.

Misericórdia divina, que nos acompanha
por toda a vida, em ti confio.
Misericórdia divina,
que nos abraça especialmente
na hora da morte, em ti confio.
Misericórdia divina, que nos concede
a vida imortal, em ti confio.
Misericórdia divina, que nos acompanha
em cada momento de nossa vida, em ti confio.
Misericórdia divina, que nos protege
do fogo infernal, em ti confio.
Misericórdia divina, na conversão
dos pecadores empedernidos, em ti confio.
Misericórdia divina, assombro para os anjos,
incompreensível para os santos, em ti confio.
Misericórdia divina, insondável
em todos os mistérios de Deus, em ti confio.
Misericórdia divina, que nos resgata
de toda miséria, em ti confio.
Misericórdia divina, fonte de nossa felicidade
e deleite, em ti confio.
Misericórdia divina, que do nada
nos chamou à existência, em ti confio.
Misericórdia divina, que abarca
todas as obras de tuas mãos, em ti confio.
Misericórdia divina, coroa
de todas as obras de Deus, em ti confio.
Misericórdia divina, na qual estamos
todos submersos, em ti confio.

Misericórdia divina, doce consolo
aos corações angustiados, em ti confio.
Misericórdia divina, única esperança
das almas desesperadas, em ti confio.
Misericórdia divina, remanso de corações,
paz ante o temor, em ti confio.
Misericórdia divina, gozo e êxtase
das almas santas, em ti confio.
Misericórdia divina, que infunde esperança,
ainda que perdida, em ti confio.

Querido Deus,
em quem a misericórdia é infinita
e o tesouro de compaixão inesgotável,
volta para nós teu olhar bondoso
e aumenta tua misericórdia em nós,
para que, nos momentos difíceis,
não nos desesperemos nem desalentemos,
mas, com grande confiança,
nos submetamos à tua santa vontade,
que é o amor e a própria misericórdia.

Quinta classe – Pensamentos subjetivos e pouco realistas

Outra classe de pensamentos que nos rouba a paz se refere a certas áreas na vida que não estão alicerçadas na realidade e que, portanto, se apóiam em uma visão de metas irreais e inalcançáveis.

Em muitos casos, esse padrão de pensamento começa a se plasmar no ser humano no período da infância, na atmosfera familiar (por demais ambiciosa com as realizações), que incide sobre a pessoa (mais freqüentemente nos primogênitos como depositários dos valores e ambições familiares) e no "poder criador" do sujeito que tenta compensar, mediante suas *metas irrealizáveis*, sua incapacidade real ou percebida (o sentimento de inferioridade). Como as metas são pouco realistas, ocorrem a frustração e a depressão.

Um exemplo dessa classe de pensamentos poderia ser minha tia Anacleta, com seus 118 quilos e 75 anos, imaginar: "Ano que vem, vou ser Miss Universo". Ou qualquer cristão dizer: "Nunca mais vou pecar", sem ter presente, como expressa o livro dos Provérbios, que "até o justo cai sete vezes ao dia" (cf. Pv 24,16). Do resultado disso, dependerá o estado de ânimo de cada um.

Conheci pessoas que passaram a vida construindo castelos no ar. Sustentaram ilusões e viveram uma existência repleta de preconceitos e fantasias que as distanciaram do contato direto com a realidade e as impediu de concretizar aquilo que poderiam ter realizado. Pensaram sua vida em vez de vivê-la. Sem conseguir construir esses castelos, terminaram desanimadas e tristes.

Viver de idealismos é diferente de ter ideais. A paz não se revela por meio dos idealismos, mas pelo caminho seguro dos grandes ideais, inspirados por Deus.

É fácil dar asas à imaginação e buscar refúgio na fantasia que, ao distanciar-se da realidade, acaba adormecendo a vontade. É o que tenho chamado, repetidas vezes, de mística enlatada, feita de sonhos vãos e falsos idealismos.

O remédio – custoso, como tudo o que tem valor – está em procurar o verdadeiro centro da vida humana, o que pode conceder uma hierarquia, uma ordem e um sentido a tudo: a intimidade com Deus, mediante uma vida interior autêntica. Se, vivendo em Cristo, tivermos nele o nosso centro, descobriremos o sentido da missão que nos foi confiada, teremos um ideal humano que se torna divino; novos horizontes de esperança vão se abrir à nossa vida, e chegaremos a sacrificar com gosto, não já este ou aquele aspecto de nossa atividade, mas a vida inteira, dando-lhe assim, paradoxalmente, seu mais profundo acabamento.[12]

Esse idealismo é diferente do fato de Deus lhe pedir e guiar nos desafios que, aparentemen-

---

[12] SÃO JOSEMARÍA ESCRIVÁ. *Questões atuais do cristianismo*. 2. ed. São Paulo, Quadrante, 1986.

te, são insuperáveis. Porém, se ele pedir, se for da vontade dele, ele vai lhe conceder a graça, e o sinal de que isso corresponde à vontade dele para sua vida será a verdadeira paz.

É certo que somos chamados a grandes coisas. Temos de evitar o medíocre e o mesquinho, mais que condená-los de modo ativo.[13] Entretanto, devem ser grandes as coisas que o Senhor nos pede, e não as que surgem em nossa imaginação.

Sexta classe –
Pensamentos surdos e rebeldes

Esse tipo de pensamentos deriva do que foi refletido anteriormente. Muitas pessoas que alimentam perspectivas irreais acabam permitindo que os pensamentos se rebelem contra a vontade de Deus.

Dou alguns exemplos práticos:

- Uma mulher sabe que deve perdoar. Deus lhe fala de diferentes maneiras, para que se decida a fazê-lo. Porém, ela finge que não ouve suas palavras e continua desperdiçando sua energia e paz com pensamentos de ofensa, rancor ou vingança.

---

[13] JEAN GUITTON.

- Um homem casado tem muita intimidade com uma colega de trabalho. Embora Deus tente fazê-lo perceber que deve se afastar, ele mente a si mesmo, dizendo: "É só uma amizade"; então, continua a se envolver cada vez mais. Entretanto, não consegue compreender porque anda tão nervoso.

- Um rapaz pertence a um grupo de amigos que, além de não o ajudar a melhorar como pessoa, o afastam de Deus. Ele tem consciência disso, pois os pais já lhe mostraram essa realidade, bem como outros amigos, mas ele nem quer ouvir falar do assunto. Com o tempo, ele se afasta de Deus e experimenta antivalores aos quais antes era contrário.

- Um homem se apodera de algum dinheiro que não é seu; uma mulher fala demais e, por isso, é freqüentemente criticada; uma jovem que deseja cumprir a vontade de Deus ultrapassa certos limites nas demonstrações de afeto a seu noivo...

A lista seria enorme. Deus fala a todas as pessoas, pois quer abençoá-las com a paz em abundância. Porém, nem todos se interessam em ouvir suas palavras, especialmente se isto implicar mudanças significativas em alguma área da própria vida.

Tenho ouvido algumas afirmações que exemplificam o que quero dizer: "Sei o que Deus diz, mas o que eu quero fazer é isto". Nesse mesmo sentido, há pessoas que, sem dizê-lo explicitamente, agem segundo esta linha de pensamento: "Quero que Fulano me obedeça, no momento que eu quiser e do modo que eu desejar. E que Deus faça a minha vontade!". Esse modo rebelde de pensar nos coloca no lugar de Deus, forjando uma fé e uma moral ao nosso gosto.

Lamentavelmente, também na Igreja há pessoas que pregam, cantam e servem, porém não têm os ouvidos abertos àquilo que Deus quer lhes dizer. Ou quando o Senhor lhes pede algum serviço por meio da comunidade, dão mil desculpas e realizam apenas a tarefa que lhes agrada.

Permita-me dizer que, se não se originar da vontade de Deus e se não for levado adiante com um coração semelhante ao de Maria, disposto a cumprir tudo o que o Senhor lhe pede, nenhum serviço executado vai nos proporcionar paz e autêntico gozo.

Se não buscarmos a graça da docilidade, paciência e obediência diante dos desígnios de Deus, poderemos nos considerar grandiosos externamente, mas, em nosso interior, não encontraremos a paz. *Deus nos deu os manda-*

mentos não para serem questionados, mas sim obedecidos.

Para refletir

"Visto que não serviste ao Senhor com alegria
e de coração grato pela abundância dos bens recebidos,
terás de servir aos inimigos que
o Senhor enviará contra ti,
com fome e sede, na nudez e indigência de tudo."
(Dt 28,47-48)

"Mostra-me, Senhor, os teus caminhos,
ensina-me tuas veredas.
Faz-me caminhar na tua verdade
e instrui-me, porque és o Deus
que me salva, e em ti sempre esperei."
(Sl 25[24],4-5)

Em sua opinião, o que Deus vê em seu interior?
Talvez sua rebeldia atual seja herança de infância.
Peça que Deus lhe conceda a luz
da sinceridade para enxergá-la e só então prossiga
na leitura e na reflexão deste livro.

Sétima classe – Pensamentos obsessivos

São pensamentos sobre algo almejado ardentemente por alguém, ou o resultado de alguma experiência vivida que não se consegue tirar da mente. Desejos e pensamentos que o perseguem a todo instante.

Esta categoria de pensamentos pode se referir a fatos passados, aos quais a pessoa ficou presa, ou relacionar-se a algo que poderia ocorrer no futuro. Geralmente repetitivas, essas idéias não se adaptam à realidade, e nao só roubam a paz, mas são também prejudiciais em outros aspectos, causa ansiedade, improdutividade e podem afetar as relações sociais e interpessoais.

Entre os diversos exemplos de pensamentos obsessivos, estão o ressentimento ou o sentimento de vingança por fatos do passado, as preocupações excessivas com a saúde, os conflitos pessoais, medos injustificados, a crença de estar sendo enganado por alguém, as recordações de antigos erros, a preocupação com o envelhecimento, o ciúme, o medo do abandono etc.

A pessoa se sente dominada por esses pensamentos, os quais não lhe permitem concentrar-se em nada. Como se diz em linguagem popular, parece um "disco riscado" e não encontra paz.

Para aqueles que são escravos desses pensamentos, é necessário identificar, com a maior nitidez possível, quais são os pensamentos obsessivos e sua origem, o momento e os fatos concretos que os ocasionaram. Isso faz que a pessoa comece a controlá-los, pedindo que Deus lhe conceda a cura interior e a libertação. Outra opção é substituição, ou seja, cada vez que perceber que estão rondando sua mente, deve substituir as idéias negativas por uma invocação a Deus e um pensamento positivo que se apóie em sua Palavra. Assim, se surgirem pensamentos obsessivos de temor, substituí-los pela imagem de Jesus Bom Pastor e por alguma das passagens bíblicas que nos convidam a confiar em sua proteção, como, por exemplo: "Coragem! Sou eu. Não tenhais medo!" (Mt 14,27b).

Relembro o caso de uma mulher que estava obcecada por um homem mais velho e casado, e que participava do mesmo grupo de oração ao qual ela pertencia. Mesmo tendo uma espiritualidade profunda, ela não conseguia tirá-lo do pensamento. A todo momento, sentia-se distraída na oração e dividida no mais profundo de seu coração.

Seu discernimento a fez descobrir que ele a fazia se lembrar de seu pai, que havia morrido quando ela era apenas uma menina e a quem se assemelhava em alguns aspectos.

Assim, ao perceber a raiz de sua obsessão, Deus lhe mostrou que devia aprofundar o sentimento de pesar por seu pai, renovando, na oração, sua entrega. Em pouco tempo, ela conseguiu se libertar dos pensamentos obsessivos para com aquele homem e recuperou a paz.

Também existem pessoas que, pelo motivo de se impor metas pouco realistas ou com o desejo de acelerar os resultados, ficam de tal modo obcecadas com o que fazem, que isso, e não Deus, ocupa o centro de suas atenções.

Os pensamentos obsessivos fazem sombra ou ruído aos desígnios de Deus; por isso, a pessoa não percebe tudo o que lhe é oferecido. Por desejar o que não tem, o obsessivo deixa de desfrutar o que possui. Um passo fundamental para a libertação interior, está na entrega em oração do objeto de obsessão.

Pense naqueles homens e mulheres obcecados com sua imagem. Ainda que gastem muito dinheiro com tratamentos estéticos e roupas, não encontram a paz, pois o problema é muito mais profundo, e *somente Deus pode diagnosticar e curar*. Outros estão obcecados com alguém que os feriu. O pensar continuamente em determinada pessoa amargura seu coração, e os efeitos da ofensa se prolongam indefinidamente.

Na vida, a única obsessão dos seres humanos deveria ser deixar-se amar por Deus. Assim, todos obteriam uma paz que nada nem ninguém poderia arrebatar e poderiam retribuir sua graça, com amor, na figura dos irmãos, levando-lhes a paz divina.

Para refletir

Peça que Deus cumpra em você esta promessa:

"Pois assim diz o Senhor:
'Levo a ela uma torrente de felicidade,
um rio transbordante,
as riquezas das nações'."
(Is 66,12a)

Clame a Deus por libertação
de qualquer pensamento obsessivo
que você tenha descoberto em seu íntimo.
Peça que ele o lave por seu precioso sangue,
que tem o poder de romper qualquer cadeia.

Oração

*Santíssima Trindade,
eu te ofereço tudo o que vivi
ao longo dos anos até o dia de hoje;
entrego-te, especialmente,
aquilo que me obcecou,*

pois não quero mais estar atado
a lembranças do passado.
Tampouco quero viver obcecado
pelo medo que me impede de adquirir
uma visão mais abrangente do futuro.
Entrego-te meu passado,
meu presente e meu futuro.
Sê o dono e Senhor de toda
a minha vida. Amém.

Oitava classe – Pensamentos opressivos

Essa categoria de pensamentos é pior que as anteriores, pois dominam totalmente a vida da pessoa oprimida. Aquele que penetrou nesse nível é como um escravo do próprio interior; mesmo sem querer, essas idéias fixas o obrigam a fazer o que não deseja, como um vício. Em resumo, é uma escravidão da alma em que até o corpo sofre.

Nesse nível, estão os participantes de seitas satânicas, ou que abriram sua alma a alguma força espiritual maligna, e que, em conseqüência disso, experimentam uma opressão diabólica a qual, às vezes, os leva a ter pensamentos blasfemos ou assassinos.

Em casos como esses, a libertação só é possível com um auxílio especial de Deus, por meio de ajuda espiritual e psicológica, e, se possível, de um profissional cristão que saiba diagnosticar a origem desses pensamentos, causados por desequilíbrios físicos, psíquicos ou espirituais.

Se forem de origem espiritual, é importante que a pessoa renuncie a tudo o que lhe tenha contaminado o espírito. Além disso, é preciso pedir perdão por qualquer pecado cometido e aproximar-se com confiança do sacramento da reconciliação. Assim que terminar a oração de libertação, será preciso percorrer um caminho de purificação, crescimento e cura interior, sem se descuidar da orientação espiritual, da freqüência dos sacramentos e da oração pessoal e comunitária.

Satanás não tem nenhum poder sobre o cristão, exceto quando este acredita e se deixa enredar em suas mentiras. De acordo com a Palavra de Deus: "Nós sabemos que somos de Deus, ao passo que o mundo inteiro está sob o poder do maligno" (1Jo 5,19). Porque, se o maligno tem alguma autoridade sobre a vida de alguém, é porque este se entregou a ele, cedendo-lhe terreno em alguma área da vida. Quando são feridas, muitas pessoas são corroídas pela mágoa, e esta é uma porta aberta para que o maligno entre em sua mente.

A cura espiritual implica uma conversão, que pode ser instantânea (considerada milagre) ou gradual (que é um processo por etapas), mas numa linha contínua. É a penetração do Espírito Santo no espírito dos homens; é o caminho de Deus em sua vida, que muda seu modo de ser. Em resumo, é uma transformação na mentalidade, no pensamento, na força de vontade e no campo afetivo de cada um, pela qual o Espírito leva a uma nova vida em Cristo.[14]

Não se pode deixar a casa de nosso espírito sem dono, porque esta será invadida e ocupada por aqueles pensamentos usurpadores que nos causarão dano e nos roubarão a paz. Devemos saber a quais aspectos fechar as portas de nosso coração e a quem abri-las. Somente teremos paz autêntica e duradoura se abrirmos as portas de nossa mente a Deus, a fim de que ele penetre com seu amor e poder até o último recanto de nosso ser. Que ele nos preencha com o ar puro de seu espírito, libertando-nos de todo ar contaminado e contaminador que nos rouba a paz.

Para refletir

"E conhecereis a verdade,
e a verdade vos tornará livres." (Jo 8,32)

---

[14] LA GRUA, Matteo. *La plegaria para la curación* [A súplica para a cura]. Buenos Aires, Lumen, 1993.

"Se, pois, o Filho vos libertar,
sereis verdadeiramente livres." (Jo 8,36)

"É para a liberdade que Cristo nos libertou.
Ficai firmes e não vos deixeis amarrar
de novo ao jugo da escravidão." (Gl 5,1)

Oração

Em teu nome, Jesus Cristo, eu... (diga seu nome), *de modo particular, e em nome de meus antepassados, renuncio a Satanás, a todas as suas seduções, fascinações e mentiras.*

Renuncio a toda prática de bruxaria, magia, consagração ao demônio, conjuros, malefícios, invocações diabólicas.

(Respire lenta e profundamente várias vezes, pedindo para se encher do Espírito Santo.)

Renuncio a toda maldição, mau desejo, inveja, ódio, rancor, ressentimento, cobiça, avareza, suborno, roubo, fraude, despojo ou enriquecimento ilícito.

Renuncio a todo ato de orgulho, soberba, prepotência, vaidade e egolatria, luxúria, aborto e adultério.

Marca, Senhor Jesus, com teu precioso sangue, todas as portas de meu ser, a fim de que os pensamentos opressores não voltem a me inquietar. Que nada nem ninguém me afastem de ti, nem me roubem as graças que tu me concedeste e me concederás no futuro.

Com a ajuda de tua mãe, a Virgem Santíssima, protege-me. Com a ajuda de teus santos anjos e arcanjos, guia-me. Amém.

Nona classe – Pensamentos realistas que nos conduzem à paz

Pensamento realista é aquele inspirado por Deus. E se Deus o incentiva, é porque ele mesmo se comprometeu a conceder-lhe a força e os meios para realizá-lo com paz.

As meditações sobre o senhorio de Cristo, partilhadas nos seminários de vida, são de grande auxílio para que a pessoa assuma uma atitude realista, a fim de perguntar a Deus: "Senhor, o que queres de mim?", e então se dispor a permitir-lhe ser o Rei e Senhor de cada área da vida.

Para refletir

"Que devemos fazer para praticar as obras de Deus?"
(Jo 6,28b)

Observe a seguinte história:

Um garoto estava tentando levantar uma rocha, enquanto seu pai somente o observava. Ouviu-o grunhindo e fazendo força para rolar a pedra. Então perguntou ao filho: "Você está usando todas as suas forças?". O menino respondeu: "Sim, papai". E o pai replicou: "Não está, não". E o menino insistiu: "Estou sim". O pai, então, lhe disse: "Não está, porque não me pediu que o ajudasse".

Em outras palavras, o pai quis dizer ao garoto: "Filho, eu sou seu pai, sou sua fortaleza! Por isso, peça minha ajuda".[15]

Para refletir

Muitas vezes, faltam-nos as forças e a paz,
porque, mesmo sendo boas obras,
aquilo que estamos fazendo
não corresponde à vontade de Deus.

Às vezes, quando temos um problema
que tentamos resolver,
pensamos que estamos utilizando
toda a nossa fortaleza;
no entanto, nós nos esquecemos de nosso Pai Celestial,
que está pronto para intervir e nos ajudar.
Ele apenas espera que o peçamos.

---

[15] ROGERS, Adrian. *O amor que vale* (programa de TV).

Oração

Senhor Jesus, tu que, sentado no monte, junto à multidão, compartilhando fraternalmente, nos convidaste a levar adiante os teus projetos para nossas vidas: ajuda-me!

Parece que agora meu entendimento está se abrindo ao meditar sob uma nova luz. Muitas vezes, construí castelos no ar e não cumpri tua vontade nos fatos mais imediatos: ajuda-me!

Tu não te contentas, Senhor, com que eu tenha o desejo de te servir, mas me chamas a abandonar os pensamentos subjetivos e pouco realistas, para que, com o santo desapego de tudo, eu faça a tua vontade: ajuda-me!

Senhor, embora existam ocasiões em que sinto fome e sede de ser melhor, de mudar, outras vezes não sinto essa motivação, sobretudo quando se trata de obrigações. Então as cumpro, sim, mas sem nenhuma vontade: ajuda-me!

Às vezes, eu me entusiasmo muito mais nas ocasiões em que sou o maior beneficiado, e então nem sequer te peço: ajuda-me!

Ajuda-me, pois estou cansado de buscar-me e obter poucos resultados, querendo satisfazer apenas meus desejos.

A partir de hoje, com a tua graça, proponho-me realizar, de modo semelhante à Virgem Maria, a tua vontade em todas as coisas. Amém.

Para finalizar

Meditação dos três binários ou classe de pessoas[16]

Santo Inácio, por meio da meditação conhecida como "Os três binários" ou "Três classes de pessoas", nos convida a refletir com sinceridade se estamos cumprindo a vontade de Deus em todos os momentos da vida.

Esta meditação é um exercício destinado a descobrir nossa falta de liberdade e a conquistá-la pela ação da graça.

Em minha opinião, a meditação dos três binários contém uma verdadeira intuição de antropologia, já que o homem é muito influenciado pelos afetos. O que o leva a agir, na verdade, é uma motivação carregada de afetividade.

Aqui examinaremos nossa sinceridade diante de nossas escolhas e do grau de liberdade e de coerência em que nos encontramos. A me-

---

[16] SANTO INÁCIO DE LOYOLA. *Exercícios espirituais.*

ditação busca descobrir afetos, apegos desordenados e sentimentos de repulsa, para nos ajudar a alcançar a liberdade ou a indiferença que nos permita fazer escolhas movidas somente "pelo amor que desce do alto".[17]

Exercício da imaginação criativa para tomar decisões em busca da vontade de Deus

Primeira introdução: depois de uma oração preparatória, colocar-me-ei diante do tema desta meditação.

Segunda introdução: imaginar-me-ei diante de Deus, Nosso Senhor, e diante de todos os seus santos; desejo conhecer o que mais agrada à sua divina bondade.

Terceira introdução: pedirei a graça de escolher o que traga maior glória a Deus e maior bem à minha alma.

Existem três classes de pessoas. Todas receberam remuneração por seu trabalho, sem pensar em Deus. Estão apegadas ao aspecto material e sentem que isso pode ser impedi-

---

[17] Pontifícia Universidade Javeriana, Sem. Esp. Iguaciana. Segunda Semana E. E. Semestre 1 de 2001. Dir. pe. Guilhermo Zapata, sj.

mento para que cumpram a vontade de Deus com liberdade interior e paz de espírito. A *primeira classe* quer bloquear o amor pelo dinheiro adquirido, para encontrar em paz a vontade de Deus e salvar-se; porém, até a hora da morte, não faz nada para modificar seu modo de agir. A *segunda classe* quer desapegar-se do dinheiro, mas sem se desfazer dele. Em outras palavras, quer que Deus se ajuste ao seu desejo, em vez de conformar-se ao desejo de Deus, embora fosse o melhor a fazer. A *terceira classe* quer desapegar-se do dinheiro e do interesse em conservá-lo; quer seguir a inspiração do Senhor. Para isso, procura não manter posses de qualquer natureza, a não ser o que for movido pelo desejo de melhor servir a Deus.

Três colóquios: farei três colóquios ou diálogos com Deus (um com o Espírito Santo, outro com o Filho, outro com o Pai) usando as mesmas palavras, para que ele me ajude a ver com sinceridade em que categoria estou e se realmente tenho pensamentos subjetivos e pouco realistas, que me servem de desculpa para não concretizar o projeto de Deus para minha vida.

Importante: quando sentimos repulsa pela pobreza efetiva ou não somos livres diante dos desígnios de Deus, é muito útil nos colóquios pedir que o Senhor nos conceda a pobreza e nos ajude a nos desapegarmos dos próprios projetos ou de qualquer outro apego desordenado que se tenha, se for realmente para serviço e louvor a Deus.

Conclusão

Ouvirei o que diz o Senhor Deus:
ele anuncia paz para seu povo.
(Sl 85[84],9a)

Ao terminar a leitura deste livro, talvez você se pergunte: "Como faço para me libertar desses pensamentos que me tiram a paz?".

Estou convencido de que, se você tiver aproveitado corretamente o conteúdo, ou seja, saboreando cada capítulo, meditando, orando, revalorizando os sacramentos em sua vida e propondo-se mudanças graduais, a paz terá crescido em seu interior.

Caso contrário, releia-o, porém, desta vez, faça-o ainda mais lentamente. Para isso, assuma uma atitude de escuta e receptividade ao que Deus quer lhe dizer e mostrar, mesmo que enfrentar certas realidades de sua história seja algo muito doloroso.

É importante ter consciência de que, em conseqüência do pecado original, é preciso lutar contra esses pensamentos pelo restante de nossa vida. Assim como os hábitos de higiene do corpo ou da casa precisam ser diários, o mesmo ocorre com a higiene mental. Se perceber que deixou entrar um pensamento ladrão na mente, você precisa exorcizá-lo pelo poder do nome de nosso Senhor Jesus Cristo.

Outros meios para conservar a paz

Nos momentos de aflição, será de grande ajuda a oração de cada dia, pensando em Jesus e nos fatos de sua existência. Como dizia santa Teresa de Ávila, "a imaginação é a louca da casa"; por isso, é necessário alimentar nossa imaginação e nosso pensamento com a contemplação dos mistérios da vida de Jesus e Maria.

É preciso descobrir a tarefa maternal de Maria que, por meio da oração do santo rosário, faz maravilhas na mente das pessoas e promove as mudanças de personalidade necessárias.

Além disso, pelo menos uma vez por mês, é conveniente aproximar-se do sacramento da reconciliação, abrindo com sinceridade o coração ao confessor e pedindo que Deus o perdoe por aqueles pensamentos aos quais não resistiu.

Tenha um acompanhante ou mentor espiritual. É de grande ajuda participar de um grupo de oração, porque o Espírito Santo estabelece uma comunhão de bons pensamentos e afetos, e a paz é transmitida de uns aos outros.[1]

---

[1] Cf. *La alegría de orar en comunidad* [A alegria de orar em comunidade]. São Paulo, Buenos Aires, 2004.

Receba Jesus na eucaristia com a maior freqüência possível e seja seu adorador em espírito e em verdade (cf. Jo 4,23).

Entregue seu coração e sua vida a Deus, dando-lhe a "chave" de seus pensamentos e de sua vontade, especialmente naqueles recônditos de sua vida onde antes você não o deixava entrar.

Oração de cura
para crescer na paz de Deus

Senhor Jesus, peço-te que te aproximes de mim e ponhas as tuas benditas mãos sobre minha cabeça.

(Pausa para repetir esta petição e mentalizar Jesus realizando tal gesto. Desse modo, na fé, diga a Deus que confia em seu poder de cura e libertação.)

Graças porque, a partir das benditas chagas glorificadas de tuas mãos, surge uma luz brilhante que penetra pelos poros de meu couro cabeludo, passando pela estrutura craniana e iluminando cada parte de meu cérebro.

(Detenha-se por alguns instantes, respire lenta e profundamente, e peça que o Espírito Santo o plenifique de sua presença.)

Amado Jesus, que esta luz cure meu sistema nervoso. Preenche com teu amor toda informação recebida e processada ao longo da vida.

Transforma minha conduta, que depende das funções superiores do sistema nervoso.

Que tua divina graça abra caminho em meu sistema nervoso e restaure os neurônios e células que constituem o tecido nervoso.

Toca todas as vias e estruturas nervosas enfermas ou afetadas pelo pecado.

Derrama, por meio da medula espinhal e da coluna vertebral, uma corrente de paz e de tua sanidade para todo o meu ser: espírito, alma e corpo.

Dos pensamentos equivocados, livra-me, Senhor.

Dos pensamentos negativos e pessimistas, livra-me, Senhor.

Dos pensamentos que levam ao pecado, livra-me, Senhor.

Dos pensamentos que negam a tua misericórdia, livra-me, Senhor.

Dos pensamentos subjetivos e pouco realistas, livra-me, Senhor.

Dos pensamentos obsessivos, livra-me, Senhor.

Dos *pensamentos opressivos, livra-me,*
Senhor.

Jesus, que curaste e ainda curas os enfermos que de ti se aproximam com verdadeira esperança, em ti confio. Amém.

Sumário

Introdução 5

Capítulo 1
Deus, fonte da verdadeira paz 9
Em cada eucaristia, Deus quer dar a sua paz 9
Só Deus é a profunda e autêntica fonte de paz 11
Deus quer guiar seus passos pelo caminho
da paz 14

Capítulo 2
Desmascarar pensamentos que tiram a paz 17
O exercício do discernimento 18
Para finalizar 66

Conclusão 71
Outros meios para conservar a paz 72

CADASTRE-SE

www.paulinas.org.br

Para receber informações sobre nossas novidades na sua área de interesse:
- Adolescentes e Jovens • Bíblia
- Biografias • Catequese
- Ciências da religião • Comunicação
- Espiritualidade • Educação • Ética
- Família • História da Igreja e Liturgia
- Mariologia • Mensagens • Psicologia
- Recursos Pedagógicos • Sociologia e Teologia.

Telemarketing 0800 7010081

Impresso na gráfica da
Pia Sociedade Filhas de São Paulo
Via Raposo Tavares, km 19,145
05577-300 - São Paulo, SP - Brasil - 2006